Tim Gumbrecht-Rüstow

DAS

HANDBUCH

ZU DEINEM

ROMAN

Von der Idee bis in den Laden

Impressum

Bibliografische Information der Deutschen
Nationalbibliothek:
Die Deutsche Nationalbibliothek verzeichnet
diese Publikation in der Deutschen
Nationalbibliografie; detaillierte
bibliografische Daten sind im Internet über
http://dnb.dnb.de abrufbar.

© 2022 Tim Gumbrecht-Rüstow

Herstellung und Verlag: BoD – Books on
Demand, Norderstedt

ISBN: 978-3-7568-8971-6

Inhaltsverzeichnis

Inhaltsverzeichnis

Gesagt, getan!

Das eigene Buch zu schreiben ist ein
weitverbreitetes Vorhaben, welches aus
den verschiedensten Gründen oft nie
ernsthaft angegangen wird.

Sie reichen vom kontinuierlichen
herauszögern des ersten Schrittes über
den klassischen Zeitmangel, bis hin zum
fehlenden Plan über das bestmögliche
Vorgehen.

Meist beginnt das Projekt „eigenes Buch"
mit einer ersten Idee, doch gerade für
angehende Autoren stehen zahlreiche
Fragen im Raum, wie die Gedankenwelt auf
Papier gebracht werden kann.

Das Zusammentragen der notwendigen
Informationen ist eine zeitintensive und
nervenzehrende Fleißaufgabe und dieser
Umstand führt dazu, dass die erschaffenen
Gedankenwelten zurück in die Schublade

wandern und vielleicht für immer
verschwinden.

Da es mit der bereits erbrachten
kreativen Eigenleistung alleine noch
nicht getan ist und die Ausmaße eines
solchen Projektes im Vorfeld für viele
abschreckend wirken, möchte ich dir mit
diesem Handbuch, kompakt, die wichtigsten
Tools auf dem Weg zum eigenen Roman an
die Hand geben.

Neben den harten Fakten über den Aufbau
und die Struktur liefere ich dir die
passenden Werkzeuge inklusive Tipps und
Tricks, um dich aus gedanklichen
Sackgassen zu lösen, deinen Kreativmuskel
effektiv zu reaktivieren, deine
persönliche Schreibroutine zu finden und
zu entwickeln.

Denn all das kann und darf nicht der
Grund sein, deine Welten nicht über die
virtuellen Regale mit anderen zu Teilen.

Die erste Hürde

Hast du die Entscheidung Pro Buch getroffen, löst das eine regelrechte Gedankenexplosion aus. Vom Marketing bis hin zum Cover Design überlagern sich die unterschiedlichsten Gedankengänge gegenseitig.

Um Ordnung in dieses Chaos zu bringen, solltest du dich zunächst auf das Wesentliche konzentrieren und nicht den zweiten Schritt vor den ersten setzen. Deshalb, beginne zuerst mit dem Schreiben, denn ohne Buch braucht es kein Cover und auch kein Marketing.

Mach dir bewusst, dass kein Sprint vor dir liegt, sondern ein Marathon auf dich wartet, der entsprechend Zeit brauchen wird. Plane feste Schreibzeiten ein in denen du dich dieser Aufgabe fokussiert widmen kannst. Anstatt Kleinstblöcke von

30 Minuten täglich zu planen, solltest du versuchen stattdessen lieber weniger aber dafür längere Zeitfenster zu schaffen, da es in der Regel schon etwas dauert, bis man seinen kreativen Fluss findet.

Es ist essenziell zu verinnerlichen, dass das geschriebene im ersten Lauf nicht perfekt und druckreif sein muss. Also löse dich vom Perfektionismus und schreibe einfach ungefiltert und unkorrigiert drauf los.

Egal, ob du das Gefühl hast zu viel zu schreiben oder ob der Text von Rechtschreibfehlern nur so strotzt. Kürzen und korrigieren sind Aufgaben die später ohnehin auf dich warten, deshalb macht es keinen Sinn, zwischendrin schon korrigierend tätig zu werden.

Deine Aufgabe:

Vereine die klaren Strukturen des schreibenden Handwerks mit grenzenloser

Kreativität, um ein plausibles und
fesselndes Produkt zu erhalten.

Die Ideenschmiede

Vielleicht hast du die eine große Idee
bereits gefunden, aber alleine damit
wirst du kein ganzes Buch füllen können.

Diverse Nebenfiguren, die in
verschiedenen Handlungssträngen und an
unterschiedlichen Schauplätzen
miteinander agieren, benötigen
zusätzlichen kreativen Input. Nur so
kannst du über das gesamte Buch hinweg
die kleinen und großen Zusammenhänge
miteinander verknüpfen, Emotionen wecken
und diese geschickt transportieren.

Dabei kommt es vor allem auf die Balance
an. Passiert zu viel, läufst du Gefahr,
dass die Geschichte vor lauter
Ereignissen und Komplexität früher oder
später unübersichtlich wird. Sind es zu
wenige, wird es schwer, die Spannung
aufrecht zu erhalten und den Leser
dauerhaft bei Laune zu halten.

Sollte dir einmal ein passendes Bindeglied fehlen, gibt es zahlreiche Möglichkeiten für neue und abwechslungsreiche Gedankenanstöße zu sorgen.

Diese können sich an den unterschiedlichsten Orten verstecken und es kann etwas dauern, deine Sinne dafür zu schärfen, aber wenn du erst einmal ein gewisses Gespür entwickelt hast, werden dir die Ideen aus allen Richtungen fast schon von selbst zufliegen. Wo du sie findest? Na hier...

Persönliche Erlebnisse:

Durchstöbere Dein Oberstübchen nach Ereignissen in deinem Leben, die dich emotional bewegt haben. Egal ob Trauer, Freude, Liebe oder Wut, denn alleine den Auslöser für Gefühle zu erkennen, kann in Bezug auf deine Geschichte neue Impulse setzen.

Dein näheres Umfeld:

Auch die Erlebnisse anderer können als Inspiration dienen. Achte dabei ebenfalls auf persönliche Eigenheiten oder Verhaltensmuster, die du eventuell für die Charaktere deiner Geschichte adaptieren kannst.

Andere Bücher:

Ideen aus Büchern aufzunehmen und diese weiter zu entwickeln, ist ein weiteres Mittel, um andere Sichtweisen zu schaffen. Dabei bieten gerade Szenen, die dir nicht besonders gut gefallen haben, die Möglichkeit, es neu und besser zu machen.

Träume:

Träume sprengen auf natürliche Weise die Realität. Aus diesem Grund sind sie als Ideenpool bestens geeignet und sie liefern mit ihrem teilweise abstrakten Aufbau neue Perspektiven.

Zeitungen und Nachrichten:

Dabei können sowohl wissenschaftliche-
oder politische Artikel als auch die
Klatsch und Tratsch Abteilung als
Ideengeber dienen.

Mythologie und Märchen:

Zeiten, in denen die Sicht auf die Welt
noch eine andere war, können die Fantasie
noch heute beflügeln, was du auf jeden
Fall für dich nutzen solltest.

Film- und Streamingportale:

Hier ist es nicht notwendig, jeden
einzelnen Film in Gänze gesehen zu haben.
Es genügt, sich durch die
Kurzbeschreibungen zu klicken und für
deine individuelle Geschichte verwertbare
Ansätze herauszufiltern und diese
entsprechend umzulegen.

Die Ideensammlung

Um sicherzustellen, dass die
Gedankengänge, welche du aktuell noch
nicht verwenden kannst oder möchtest über
die Zeit nicht in Vergessenheit geraten,
empfiehlt es sich diese aufzuschreiben.

Vielleicht können genau diese Ideen in
einem späteren Projekt eine Lücke
schließen. Dabei solltest du unbedingt
darauf achten, alles so detailliert wie
möglich festzuhalten und nachvollziehbar
auszuformulieren. Denn es gibt nichts
frustrierenderes als eine riesige Liste
mit Massen an Schlagwörtern, denen du
deinen eigentlichen Hintergedanken nicht
mehr zuordnen kannst.

Es ist enorm wichtig, diese Liste in
regelmäßigen Abständen zu überarbeiten
und in einem separaten Dokument in
sinnvolle Kategorien zu unterteilen. So

stellst du sicher, dass daraus ein sich wandelnder und lebendiger Ideenpool entsteht, denn eine unsortierte und damit unübersichtliche Endlosliste hat auf Dauer und mit steigender Masse keinen nutzbaren Wert mehr.

Der rote Faden

Klar gibt dir die eigene Vorliebe für ein gewisses Genre die grobe Richtung vor. Doch gerade bei komplexen Handlungen kann es immer wieder passieren, dass du zu sehr abschweifst.

Alles kein Problem, wenn du es früh genug bemerkst, aber hast du dich erst über einige Seiten in eine abstrakte und völlig unpassende Richtung bewegt, kann das im Nachgang äußerst ärgerlich werden, da unter Umständen spätere Handlungsstränge darauf aufbauen und eine weitreichende Anpassung von Nöten sein könnte.

Daher ist eine klare Struktur, die einem den unkomplizierten Blick auf das Wesentliche ermöglicht ebenso wichtig, wie die Tatsache deine Welt und die Charaktere die sie bevölkern in- und auswendig zu kennen.

Denn in der Regel können nur die
wenigsten einen Bestseller in einem Zug
mal einfach so aus dem Ärmel schütteln.

Die Grundidee

Formuliere die Botschaft hinter deiner
Story, die sogenannte Prämisse und den
Hauptkonflikt mit samt der Lösung in 2-5
Sätzen. Dies dient quasi als ein
Orientierungspunkt, mit dem du den
Verlauf deiner Geschichte regelmäßig
abgleichen solltest.

Das Erschaffen von Welten

Vor der Ausgestaltung der Charaktere ist es ratsam, zuerst die Welt zu erschaffen, in der sie sich bewegen. Dabei solltest du grundlegende Fragen im Großen und im Kleinen so detailreich wie irgend möglich bereits vorab ausgestalten, um die spätere Handlung schlüssig zu machen.

Welche Fragen solltest du dir stellen:

- Wer ist in Gefahr, die Hauptfigur, ein Nebencharakter oder die ganze Welt?

- Wodurch unterscheidet sich diese Welt von unserer?

- Leben dort Menschen oder andere Wesen bzw. Völker?

- Wie sehen sie aus und haben sie spezielle Fähigkeiten?

- Sprechen sie eine eigene Sprache?

- Existieren Konflikte zwischen Ländern oder einzelnen Personen?

- Was prägt die Flora und Fauna?

- Gibt es soziale Klassen?

- Wer sind die dunklen und die hellen Mächte?

- Ist Spiritualität oder Religion ein Thema?

- Existiert Magie und wie sieht sie aus? Hier kann eine Mindmap hilfreich sein, in der z.B. der Name des Zaubers, wie er ausgeübt wird und seine Wirkung inklusive eventuellen Gegenmaßnahmen festgehalten werden.

Die Recherche

Eine gute Recherche zum Hauptthema, einer bestimmten Zeitepoche sowie mythologischen oder technologischen Hintergründen ist für die Glaubwürdigkeit unerlässlich. Du solltest jedoch darauf achten, dass die Recherchearbeit keine unendliche Geschichte wird.

Recherchiere so viel wie nötig, aber so wenig wie möglich und lass dich dadurch nicht zu lange vom eigentlichen Schreiben abhalten, da deine fiktive Realität eine gewisse Dehnung der Wahrheit durchaus zulässt.

Die Figurenentwicklung

Vielfältige Charaktere verleihen deiner Geschichte die nötige Tiefe. Je besser du die Akteure kennst, desto besser kannst du dich in sie hineinversetzen, die Geschehnisse aus ihrer Sicht betrachten und deren Handlungen entsprechend steuern.

Um das zu erreichen, solltest du ein Personenprofil anlegen, in dem du das Aussehen, Stärken, Schwächen, Lieblingsfarbe, Leibspeise, Kleidungsstil, Charakterzüge und vieles mehr so ausführlich wie möglich festhältst. Das hilft dir im weiteren Verlauf die Verhaltensmuster der Charaktere immer wieder abzugleichen und ihr Wesen präzise zu Papier zu bringen.

Zudem solltest du gerade bei Schlüsselcharakteren eine Art

Tagebucheintrag verfassen und damit einen Standardtag durch die Augen dieser Figur durchleben.

Der Charakterbogen:

→ Körperliche Merkmale:

Größe, Augenfarbe, Frisur, Hautfarbe, Haarfarbe, Körperbau, Tattoo, Piercing, Bart, Ohren, Nase,

→ Harte Fakten:

Familienstand, Kinder, Geschwister, Geburtsdatum, Sternzeichen, Freunde, Schulische Bildung, Beruf, Hobby, sportliche Aktivitäten, Glauben, Religion, weltlich oder spirituell, Geburtsort/land, Wohnort, Sprachen

Charaktereigenschaften:

- Was bedeutet ihm am meisten in seinem Leben?

- Was bereut er am meisten in seinem Leben?

- Was war seine folgenschwerste Entscheidung?

- Was war das gemeinste was er je getan hast?

- Was war das uneigennützigste was er je getan hast?

- Welchen Fehler würde er immer wieder machen und warum?

- Was wollte er als Kind werden?

- Was war sein liebstes Spielzeug?

- Welche Fehler seiner Eltern will er auf keinen Fall machen?

- Was ist seine frühste Erinnerung?

- Was ist sein größtes Geheimnis?

- Was ist das Peinlichste, dass ihm je passiert ist?

- Was tut er zur Entspannung?

- Was tut er, um sich abzureagieren?

- Ist er nah am Wasser gebaut?

- Wie ist er zu seinem Beruf gekommen und warum hat er ihn ergriffen?

- Hat er ein geheimes Talent?

- Was halten Fremde/Freunde/Verwandte von ihm?

- Worin ist er wirklich gut/schlecht?

- Wo sieht er sich in 5-10 Jahren?

- Was sieht für ihn das Leben nach dem Tod aus?

- Wofür hat er kein Verständnis?

- Was ist ihm total egal?

- Hat er Vorurteile?

- Welche Musik hört er?

- Liest er gerne?

- Was ist seine schlechteste/beste Eigenschaft?

- Was würde er an sich selbst ändern?

- Wenn er eine übernatürliche Fähigkeit wählen könnte, welche wäre es?

- Wovor hat er Angst?

- Was ist ihm peinlich?

- Welche Charaktereigenschaft kann er nicht ausstehen bzw. ist ihm besonders wichtig?

- Flucht er viel bzw. hat er ein Lieblingsschimpfwort?

- Ist er oberflächlich oder zählen die inneren Werte?

- Ist er eitel?

- Welche drei Gegenstände würde er auf eine einsame Insel mitnehmen?

- Wen würde er gerne einmal treffen?

- Ist er ein Fan von etwas oder jemandem?

- Lieber in den Club, eine Bar oder eine

kleine private Runde?

- Hat er schon gegen ein Gesetz verstoßen?

- Unter welchen Umständen würde er gegen das Gesetz verstoßen?

- Wie viel Zeit benötigt er im Badezimmer?

- Ist er ordentlich?

- Hat er einen bestimmten Kleidungsstil?

- Wie hoch ist sein monatliches Einkommen?

- Hat er einen Talisman?

- Reist er gerne, wo war er schon und wo will er unbedingt einmal hin?

- Was ist sein Lieblingsessen?

- Ist er lieber alleine oder unter Menschen?

- Was bedeutet Glück für ihn?

- Was wäre sein größtes Unglück?

- Was/wen findet er witzig?

- Was ist seine liebste Jahreszeit?

- Ist er abergläubisch?

- Hat er ein Motto?

- Ist er handwerklich geschickt?

- Mit welchen Waffen kämpft er?

- Ist er Optimist, Realist oder Pessimist?

In der Regel nutzt du nicht all diese Informationen, da sie teilweise für das Geschehen irrelevant sind, aber umso eindeutiger du den Charakter ausgestaltest, desto einfacher fällt es dir seine Reaktionen auf bestimmte Ereignisse wiederzugeben.

Der Protagonist

Die Hauptfigur deiner Geschichte wird in den meisten Fällen durch ein überraschendes Ereignis aus seinem Alltag gerissen.

Dabei muss nicht zwingend der Protagonist persönlich davon betroffen sein, es kann auch eine ihm nahestehende Person oder sogar die gesamte Welt unter den neuen Gegebenheiten leiden.

Als Identifikationsfigur ist er der Hauptfaktor, dein Buch überhaupt zu lesen. Wichtig ist, dass die treibende Kraft hinter seinem Handeln klar erkennbar ist. Es braucht also ein für den Leser nachvollziehbares Ziel für das er kämpft oder etwas das er zu verlieren hat.

Achte unbedingt darauf, dass du keinen unsterblichen, in jeder Hinsicht perfekten Alleskönner erschaffst, denn gerade durch die Ecken und Kanten wird der Protagonist als Person überhaupt erst glaubhaft und das macht ihn sympathisch.

Für jede Gabe oder Fähigkeit solltest du ihm mindestens einen Makel geben, wie beispielsweise eine schlechte Angewohnheit oder eine kriminelle Vergangenheit. Sorge dafür, dass er sich charakterlich maßgeblich von allen Beteiligten unterscheidet und gib ihm etwas Besonderes, was ihn von der Masse absetzt.

Der Antagonist

Als Gegenspieler des Protagonisten muss der Antagonist nicht unbedingt eine Person sein. Hierbei kann es sich auch um eine Institution, die Regierung, eine Naturkatastrophe oder einen inneren Kampf handeln, gegen den es anzukämpfen gilt.

Der Antagonist ist mindestens ebenso wichtig wie der Protagonist, denn der Konflikt zwischen beiden ist die treibende Kraft deiner Geschichte und er ist mit verantwortlich für den Aufbau des Spannungsbogens.

Auch Antagonisten haben Familie und Freunde, sie lieben und sie hassen, weshalb er nicht zwangsläufig die Verkörperung des puren Bösen sein muss.

Es genügt alleine die Tatsache, dass er dem Vorhaben des Protagonisten im Wege steht und das Erreichen seines Ziels aus einem Eigeninteresse heraus unbedingt verhindern will.

Vielleicht befindet er sich auch nur zufällig zur falschen Zeit am falschen Ort und behindert somit das Vorankommen der Hauptfigur. Es kann sogar sein, dass beide das gleiche Ziel verfolgen und die unterschiedliche Herangehensweise zu einem direkten Konkurrenzkampf führt.

Aus einer solchen Konstellation heraus eröffnet sich die Möglichkeit, durch liebenswerte Seiten für Missverständnisse zu sorgen, den Leser auf eine falsche Fährte zu locken und bis zu einem späten Zeitpunkt zu verschleiern, wer der eigentliche Bösewicht ist.

Auch für den Antagonisten gilt, je mehr Emotionen er hervorruft, desto enger wird die Bindung des Lesers.

Das Genre

Die Zuordnung eines Genres ist aufgrund der schieren Masse an Optionen und Kombinationsmöglichkeiten zu einer echten Herausforderung geworden.

Ursprünglich diente das Genre zur einfachen Klassifizierung von Werken und als unkomplizierte Entscheidungshilfe für die Leser. Mittlerweile existieren Hunderte Genres und Sub-Genres, denen immer spezifischere Eigenschaften zugeschrieben werden. Das macht die Zuordnung eher zu einer subjektiven Interpretationssache, da die Übergänge oft fließend sind.

Die grobe Aufteilung:

Fiction

In diese Kategorie fällt jede frei erfundene Geschichte, in die eigene Kreativität und Fantasie mit eingeflossen ist.

Dazu gehören die folgenden Genres:

- Abenteuerroman
- Entwicklungsroman
- Fantasy
- Bildungsroman
- Erziehungsroman
- Gesellschaftsroman
- Heimatroman
- Horror
- Komödie
- Kinder- und Jugendliteratur
- Krimi
- Liebesroman
- Science-Fiction
- Tatsachenroman
- Thriller

Non-Fiction

In diese Kategorie fallen auf Fakten basierenden Werke mit einer neutralen und objektiven Schilderung wie z.B:

- Autobiografien
- Fachbücher
- Ratgeber
- Sachbücher

Die Unterteilung der Genres im Detail

Wie komplex dieses Thema werden kann, lässt sich erkennen, wenn man sich die einzelnen Genres einmal genauer betrachtet.

Im Bereich der Fiction basiert die Handlung zwar immer auf etwas frei erfundenem, doch bereits durch kleinste Veränderungen des Schauplatzes oder spezifische Gegebenheiten kann sich die Zugehörigkeit zu einer bestimmten Kategorie schlagartig ändert.

Es ist zudem nicht unüblich, dass sich
die Genres untereinander vermischen und
folglich beiden zugeordnet werden können,
da eine klare Abgrenzung aufgrund der
Thematik nicht mehr möglich ist.

Was ich damit meine? Sieh selbst…

Fantasy

Im Bereich der Fantasy spielt die Handlung in einer vom Autor frei erfundenen und in sich geschlossenen Welt, in der sich mystische Wesen mit übernatürlichen Kräften tummeln. Die Basis sind meist alte Mythen oder Märchen. Nicht selten gibt es technische und kulturelle Parallelen zu tatsächlichen historischen Epochen, die aber auf andere Weise interpretiert werden.

Als Plotstruktur eignet sich im Fantasysegment besonders die sogenannte Heldenreise, bei der sich typischerweise die Handlung bereits vor dem letzten Viertel beruhigt und langsam bis zum Ende hin abklingt.

Fantasy als Genre an sich unterteilt sich weiter in folgende Unterkategorien:

Animal Fantasy

Die Welt ist von Tieren bevölkert oder die Geschichte schildert die Erlebnisse von Tieren als eigentlich untergeordneter Teil einer Welt. Entscheidend ist, dass der Held und die wichtigsten Charaktere der Tierwelt zugeordnet werden können.

Dark Fantasy

In einer dunklen und bedrückenden Welt mischen sich Horror- mit Fantasyelementen.

Urban Fantasy

Ein klarer Bezug zur realen Welt wird mit dem Eintritt eines fantastischen oder magischen Ereignisses miteinander verschmolzen.

High Fantasy

Im Mittelpunkt steht eine fiktive und frei gestaltete Welt, die mittelalterlich und magisch geprägt ist. Meist begibt sich eine Gruppe von Helden auf eine abenteuerliche Reise.

Low Fantasy

In einer fiktiven Umgebung steht ein einzelner unerschrockener Held im Fokus, der sich natürlichen und übernatürlichen Herausforderungen stellen muss.

Science-Fiction

Im Sci-Fi-Bereich werden technische- und naturwissenschaftliche Themen aufgegriffen, die in der Regel mit Raumfahrt und futuristischen Visionen verbunden werden. Ein Mix aus Horror- und Thrillerelementen ist in diesem Zusammenhang nicht unüblich. Ebenso die Zusammenführung von Sci-Fi mit naturwissenschaftlichem Bezug und Fantasy, die im Gegenzug auf Magie setzt, ist eine immer wieder gern gewählte Kombination.

Apokalypse:

In dieser Rubrik steht die Vernichtung der Welt kurz bevor oder ist gerade erst geschehen.

Cyberpunk:

Eine hoch technologisierte Umgebung auf

Basis unserer realen Welt, in der
futuristische Maschinen, künstliche
Intelligenz, Bionik und Cyborgs eine
Rolle spielen.

Utopien und Dystopien:

Während bei Utopien positive
Zukunftsvision beschrieben werden, sind
es bei Dystopien entsprechend die
Negativen.

Diese wurden in früheren Zeiten
verwendet, um der Öffentlichkeit durch
Umgehung der Zensur der Obrigkeit
neuartige philosophische und politische
Sichtweisen näher zu bringen.

Alien Invasion und First Contact:

Eine fremdartige Zivilisation bedroht die
Erde und versucht die Rohstoffe
auszubeuten oder die Menschheit zu
unterwerfen. Diese Thematik steht oft in
Zusammenhang mit der ersten
Kontaktaufnahme zu extraterrestrischen

Lebensformen.

Zeitreise:

Die Quintessenz der Geschichte bilden
Reisen durch Zeit und Raum in jeglicher
Form.

Horror

Horror ist nahezu mit allem kombinierbar.
Dieses Genre lebt von der Furcht und
nutzt dazu das Instrument der
detailreichen Darstellung von allem, was
Angst macht. Es muss also nicht immer
blutig werden.

Der Horrorbereich bedient die Urängste
der Menschen. In unheimlichen Umgebungen
spielt er mit Schrecken, Ekel und
makaberem, das entweder realer oder
übernatürlicher Natur sein kann.

Die Kunst liegt in der Art und Weise, wie
diese Gefühle vermittelt werden, denn
manchmal ist die Tatsache, dass man
einige Dinge noch nicht weiß und diese
gezielt der Fantasie des Lesers
überlässt, das effektivste Mittel, um dem
Leser kalte Schauer über den Rücken zu
jagen.

Diese Gratwanderung zwischen offensichtlichem und ungewissem ist der entscheidende Faktor, der den Leser geradezu zum Weiterlesen zwingt.

Gothic Horror:

Im Mittelpunkt stehen klassische angsteinflößende Gestalten wie Vampire oder Werwölfe.

Paranormaler Horror:

Es gilt übernatürliche Wesen wie Geister, Hexen und Zauberer zu besiegen.

Graveyard Horror:

Der Schauplatz ist ein Friedhof und der Tod ist das wesentliche Thema der Erzählung.

Psycho-Horror:

Das angsteinflößende Element ist lange

nicht eindeutig bestimmt, sondern wird
über einen geraumen Zeitraum der Fantasie
des Lesers überlassen.

Monster Horror:

Furchterregende Kreaturen bilden den
zentralen Teil der Geschichte.

Slasher Horror:

Es geht um Teenager, die vom Bösen in
jeglicher Form verfolgt werden.

Splatter:

Massen von Blut und Körperteile überall.

Krimi

In einem Krimi geht es um Kapitalverbrechen, zu deren Aufklärung noch zahlreiche Fragen beantwortet und Rätsel gelöst werden müssen.

Meist ist die Hauptfigur ein Polizist oder Detektiv, aber auch dem Opfer nahestehende Personen, die ein Interesse daran haben das Verbrechen aufzuklären.

Im Verlauf der Geschichte erlangt der Leser schrittweise immer tiefere Einblicke in die Denkweise des Ermittlers und die Hinweise, die letztlich zum Täter führen, werden nach und nach offenbart.

Irreführung und Überraschung sind ein fundamentaler Bestandteil eines Krimis und deshalb kann es nie genug Momente geben, in denen der Leser denkt, ich hätte es erahnen müssen!

Bei der Gestaltung eines Krimis bietet es sich an, das Pferd sozusagen von hinten aufzurollen. Überlege dir in erster Instanz, zu welcher Zeit sich das Verbrechen ereignet, wer stirbt und warum. Triff dann die Entscheidung, aus welcher Perspektive das Geschehene betrachtet werden soll und erarbeite im Anschluss die Motive und Charakterzüge der beteiligten Personen.

Landhauskrimi:

Der klassische Landhauskrimi ist ein Rätselkrimi ohne Gewalt und Brutalität.

Hardboiled Krimi:

Diese Krimiart wird durch harte, teilweise vulgäre Sprache in Zusammenspiel mit Brutalität geprägt.

Regionalkrimi:

Die Handlung oder der Ort der Tat hat

einen direkten Bezug zu einer bestimmten, örtlich begrenzten Region und glänzt mit der detaillierten Beschreibung selbiger.

Reisekrimi:

Die Geschehnisse ereignen sich im Zuge einer Reise.

Polizeiroman:

Die ermittelnde Person steht in Diensten der Polizei.

Gangsterkrimi:

Bei der Hauptperson handelt es sich um einen Gangster oder eine entsprechende Gruppierung.

Agenten- und Spionageroman:

Es geht um Geheimdienste und deren Machenschaften.

Gerichtsmedizinischer Krimi:

Gerichtsmedizinische Fakten tragen erheblich zur Aufklärung eines Verbrechens bei.

Detektivgeschichte:

Eine Detektei führt die Ermittlungen in einem Fall.

Splatterkrimi:

Viel Blut und die Gewalttaten werden bis ins kleinste Detail beschrieben.

Krimi Noir:

Seelische Abgründe tun sich auf und in dieser Form ist ein Happy End nicht vorgesehen.

Genusskrimi:

Genussmittel aller Art sind ein Bestandteil der Tat oder der Aufklärung.

Gerichtskrimi:

Schauplatz ist ein Gerichtsverfahren, bei der die Hauptperson der Kläger, der Verteidiger oder ein Mitglied der Jury ist.

Historischer Krimi:

Eine fiktive Tat wird mit starkem Bezug zu einer Szenerie in der realen Vergangenheit aufgeklärt.

Ethno-Krimi:

Das Hauptthema ist eine kulturelle Eigenheit einer bestimmten ethnischen Gruppierung.

Thriller

Häufig wechselnde Szenerien und eine
Mischung aus Nervenkitzel und Entspannung
sind die Stützpfeiler eines jeden
Thrillers. Es wird ein Kampf zwischen gut
und böse beschrieben, wobei über lange
Zeit die genaue Rollenverteilung nicht
eindeutig geklärt ist.

Ein tragisches oder beängstigendes
Ereignis bringt dabei die Welt ins
Wanken. Die Bedrohung ist über den
Gesamtverlauf allgegenwärtig und der
Spannungsbogen wird bis zum Showdown
konstant hochgehalten.

Der Thriller lebt von überraschenden
Wendungen und dem schrittweise bekannt
geben von Informationen. Die einzelnen
Kapitel enden oft mit sogenannten
Cliffhangern, also offenen Enden. Auch
der Einsatz von „Red Herings", also

falschen Fährten spielen eine tragende
Rolle.

Actionthriller:

Es gibt viel Action durch physische
Kämpfe und Verfolgungsjagden.

Katastrophenthriller:

Die Bedrohung entsteht durch Natur- oder
eine durch Menschenhand hervorgerufene
Katastrophe.

Politthriller:

Geschehnisse mit politischem Bezug
bestimmen die Handlung.

Psychothriller:

Ein Spiel mit geschickt verpackten
Andeutungen, bei denen nicht selten
Urängste angesprochen werden. Vieles wird
über einen langen Zeitraum der Fantasie

des Lesers überlassen.

Verschwörungsthriller:

Das Ankämpfen einer Person oder Gruppierung gegen eine Verschwörung steht hier im Vordergrund.

Wissenschaftsthriller:

Die Verbindung zu wissenschaftlichen Themen bildet die Quintessenz der Handlung.

Spionagethriller:

Der Kampf von Agenten und Spionen sind der Kern der Story.

Technothriller:

Es geht um bedrohliche Technologien jeglicher Art.

Krimi vs. Thriller

Krimis und Thriller werden gerne miteinander verwechselt, dabei ist die Abgrenzung relativ klar.

Während der Krimi hauptsächlich den Weg der Aufklärung meist durch die Ermittlungsarbeit einer Einzelperson beschreibt, geht es bei einem Thriller um die Tat an sich und den direkten Bezug von Personen zu Tat und Täter.

Der Sonderfall Humor

Humor ist genretechnisch ein absolutes Multitalent. Überwiegt der humoristische Teil in einer Geschichte, wird sie als Komödie bezeichnet.

Was als lustig empfunden wird, ist immer Teil der subjektiven Wahrnehmung eines jeden Einzelnen. Meist bilden hierfür menschliche Schwächen oder negative Eigenschaften die Grundlage.

Ein komödiantischer Ansatz ermöglicht das Aufgreifen von kritischen Themen, indem sie nicht ganz ernst zu nehmend verpackt werden.

Bei Komödien besteht die Kunst darin, die Handlung durch etwa einen tollpatschigen Charakter, der kein Fettnäpfchen auslässt, nicht zu unglaubwürdig erscheinen zu lassen.

Parodie:

Sie ist eine spöttische Interpretation
einer bestimmten Person oder eines
Werkes.

Satire:

Die Satire ist eine fast schon
verletzende Interpretation einer Person
oder eines Werkes.

Der Plot

Der Anfang, ein Hauptteil und das Ende
sind die minimalen Bausteine einer
Geschichte. Beim Plotten wird im Vorfeld
schriftlich fixiert, was wann und wo
passieren soll.

Der Plot verleiht deinen Ideen eine klare
Struktur und dient dir über den gesamten
Schreibprozess als Orientierungshilfe.

Dabei ist der Plot nicht als starrer
Eckpfeiler zu betrachten, sondern eher
als ein wandelbares und lebendiges
Konstrukt, das die wichtigsten
Geschehnisse übersichtlich zusammenfasst.

Er unterstützt dich dabei, den Überblick
zu behalten und den Bezug zum
Hauptkonflikt, den Charakteren und den
verschiedenen Settings nicht zu
verlieren.

Dadurch wird die Gefahr von Unstimmigkeiten und Widersprüchen verringert, da er neben sämtlichen Wendungen in der Geschichte einen unkomplizierten Blick auf die relevanten Charaktere ermöglicht.

Die Alternative zum Plot:

Als Alternative zum Plot gibt es nur das muntere drauf los schreiben. Das liegt nicht jedem und diese Vorgehensweise bietet zwar ein großes Maß an Freiheit und Flexibilität, birgt aber auch zahlreiche Gefahren.

Einerseits werden zwar deine Gedanken nicht eingeschränkt, jedoch ist das Risiko den roten Faden zu verlieren, enorm hoch.

Der Aufbau von Spannung wird dadurch deutlich erschwert und die Entstehung komplexer Storylines wird nahezu unmöglich, da man mangels gedanklicher

Ankerpunkte dazu neigt, den Überblick zu
verlieren.

Das alles in Kombination wird im Nachgang
zu massiven Überarbeitungsmaßnahmen
führen, was zuweilen körperliche
Schmerzen hervorrufen kann.

Der Dreiakter

Die Säulen des klassischen 3-Akters sind die Grundlage vieler später entstandenen und komplexeren Plot-Strukturen. Der Dreiakter bietet ein großes Maß an Handlungsspielraum, da er die Hauptbestandteile der Storyline nur grob umreißt.

Als Richtwert gilt, dass die Einleitung und der Schluss je 25% des Gesamtumfangs einer Geschichte für sich einnehmen. Dem Hauptteil bleiben demnach 50% um seine volle Wirkung zu entfalten.

Einleitung:

In der Einleitung werden die Hauptcharaktere, die wichtigsten Schauplätze und der zentrale Konflikt vorgestellt. Zudem wird der Konflikt inklusive Darstellung der möglichen Konsequenzen genauer beleuchtet.

Hauptteil:

Im Hauptteil spitzt sich die Lage zu, bis letztlich die Katastrophe eintritt und der Protagonist erreicht seinen Tiefpunkt. Er wird vom Ausmaß der Herausforderung überrollt und stellt sich der ausweglosen Situation entgegen.

Schluss:

Im Schlussteil kämpft der Protagonist gegen die aussichtslose Situation an und siegt oder verliert. Der Konflikt wird gelöst, die Handlung flacht ab und der Hauptcharakter wird mit den Konsequenzen, ob positiv oder negativ, konfrontiert.

Dieses ursprüngliche Grundprinzip kann durch weitere Akte oder noch detailliertere Unterteilungen erweitert werden.

Für die Überleitung in den jeweils nächsten Akt werden sogenannte

Wendepunkte eingesetzt, in denen ein wichtiges und überraschendes Ereignis eintritt.

Der Fünfakter

Diese Struktur unterteilt den Gesamtablauf im Vergleich zum klassischen Dreiakter in kleinere Schritte, was eine spezifischere Vorausplanung ermöglicht.

Exposition:

Die Welt und alle Hauptfiguren nebst Gegenspieler wird vorgestellt. Der Auslöser für den Konflikt wird näher beleuchtet, was in erster Instanz nicht unbedingt offensichtlich sein muss.

Handlungssteigerung:

Zusätzliche Ereignisse verhindern die schnelle Lösung des Konflikts und lassen ihn an Komplexität gewinnen.

Klimax:

Hier wird der Höhepunkt der Geschichte

behandelt, die Klimax ist somit der spannendste Teil der Geschichte.

Handlungsabfall:

In diesem Akt wird die Spannung abgebaut und die Nachwirkungen der Handlung kristallisieren sich heraus.

Auflösung:

Der Konflikt wird gänzlich aufgelöst und die Folgen sind für alle Beteiligten spürbar.

Der Siebenakter

Der Siebenakter ist eine Erweiterung des Fünfakters und wird durch die spezifischere Aufteilung noch einmal konkreter.

Aufhänger:

Im Aufhänger wird der Konflikt vorbereitet und die wichtigsten Charaktere einschließlich der Welt werden vorgestellt.

Erste Wendung:

Der Konflikt wird in Gänze offenbart und die Veränderungen, welche die neue Situation mit sich bringt, wirken sich auf den Protagonisten und die Welt aus.

Erster Kniff:

Das aufgetretene Ereignis zwingt den

Protagonisten zu einer Reaktion, doch
sein Handeln verschlimmert die
Ausgangslage weiter.

Mittelpunkt:

Aufgrund der angespannten Lage wird die
Hauptfigur zur Aktivität gezwungen.

Zweiter Kniff:

Der Versuch, die Situation zu lösen
schlägt fehl, sodass die Suche nach einem
Ausweg hoffnungslos erscheint.

Zweite Wendung:

Ein wichtiger Entwicklungsschritt, sei es
charakterlich oder situationsbezogen, in
Form einer zündenden Idee oder dem
Auftauchen einer Nebenfigur, verändert
die Lage maßgeblich und neue Optionen tun
sich auf.

Auflösung:

Der Konflikt wird gelöst und die damit einhergehenden Auswirkungen offenbaren sich dem Leser.

Die Heldenreise

Die Heldenreise ist eine der bestbewährten Strukturen und Basis zahlloser erfolgreicher Hollywood-Filme, gerade wenn ein Held das Böse bekämpft.

1. Die Beschreibung der Ausgangslage

2. Der Grund zu handeln

3. Die Entscheidung nicht zu handeln

4. Der Mentor betritt die Bühne

5. Die unwiderrufliche Entscheidung

6. Der erste Test für Freund und Feind

7. Der Weg zum Showdown

8. Die finale Schlacht

9. Das Ernten der Früchte

10. Die Rückkehr

11. Die Darstellung des verbesserten Held

12. Die Darstellung der verbesserten Welt

Die 3-9-27 Methode

Sie ist die komplexere Ausführung des klassischen Dreiakters. Hier ist jeder Akt noch einmal in drei Blöcke unterteilt, die wiederum pro Block in je drei Abschnitte gegliedert sind.

Vom Aufbau folgt jeder einzelne Akt, jeder Block und jeder Abschnitt dem Grundprinzip des Dreiakters und teilt sich jeweils in eine Einleitungs- Haupt- und Schlussphase auf.

1. Akt: Beschreibung der Welt und des Hauptkonflikts

Block 1: Der Protagonist und sein Alltag im bisherigen Umfeld

>**Abschnitt 1:** Der Protagonist und sein Alltag

>**Abschnitt 2:** Das Ereignis welches den Protagonisten in Richtung Hauptkonflikt führt

>**Abschnitt 3:** Wie reagiert der Protagonist auf das Ereignis (Reaktion auf Abschnitt 2)

Block 2: Eine Entscheidung verändert das Leben des Protagonisten

>**Abschnitt 4:** Der Protagonist analysiert das Ereignis aus Abschnitt 2 und die Auswirkungen auf sein künftiges Leben

>**Abschnitt 5:** Der Protagonist entscheidet sich zu handeln

Abschnitt 6: Die unmittelbaren
Konsequenzen der Entscheidung aus
Abschnitt 5

Block 3: Wie hat sich das Leben des
Protagonisten verändert

Abschnitt 7: Die Auswirkungen der
Entscheidung aus Abschnitt 5+6
erhöhen den Druck auf den
Protagonisten

Abschnitt 8: Der erste Plottwist

Abschnitt 9: Das Leben und das
Umfeld des Protagonisten verändert
sich völlig

2. Akt: Das veränderte Leben

Block 4: Der Protagonist lernt sich in seinem neuen Leben zurechtzufinden

> **Abschnitt 10:** Wie sieht das neue Leben aus
>
> **Abschnitt 11:** Wie sieht die aktive Teilnahme am neuen Leben aus (Spaß + etwas Neues ausprobieren)
>
> **Abschnitt 12:** Vergleich der aktuellen Lage mit dem früheren Leben aus Abschnitt 1 und wie es dem Protagonisten damit geht

Block 5: Ein Rückschlag für den Protagonisten im neuen Leben

> **Abschnitt 13:** Der Weg zum Midpoint
>
> **Abschnitt 14:** Der Midpoint und die resultierende massive Veränderung die er mit sich bringt
>
> **Abschnitt 15:** Die Reaktion und die Folgen

Block 6: Der Protagonist entscheidet zu handeln

> **Abschnitt 16:** Der Protagonist analysiert das Ereignis im Midpoint und die Auswirkungen auf sein weiteres Leben
>
> **Abschnitt 17:** Der Rückschlag nach dem ersten Handeln
>
> **Abschnitt 18:** Der Rückschlag als Begründung weiter zu kämpfen

3. Akt: Lösen des Hauptkonfliktes

Block 7: Der Verlust und der
aussichtslose Kampf

> **Abschnitt 19:** Die großen
> Herausforderungen
>
> **Abschnitt 20:** Der zweite Plottwist
> der alles noch schlimmer macht
>
> **Abschnitt 21:** Der Tiefpunkt

Block 8: Das mobilisieren der letzten
Kräfte

> **Abschnitt 22:** Die Erinnerung an den
> Grund zu kämpfen
>
> **Abschnitt 23:** Die Idee die alles
> verändern und das Ruder herumreißen
> soll
>
> **Abschnitt 24:** Die Zusammenführung
> der Handlung und alle   Antworten
> auf noch offene Fragen

Block 9: Der finale Kampf um Sieg oder Niederlage und die Lösung des Hauptkonfliktes

> **Abschnitt 25:** Der Start des finalen Kampfes
>
> **Abschnitt 26:** Die alles verändernde Tat
>
> **Abschnitt 27:** Das Endergebnis und die Folgen der Entscheidung aus Abschnitt 26

So kompliziert und zeitaufwendig es zunächst erscheinen mag, ist diese Schritt für Schritt Anleitung gerade für deinen ersten Versuch besonders gut geeignet.

Im Großen und Ganzen hast du immer die Freiheit jeden Abschnitt oder Block irgendwo anders hin verschieben. Du musst nur darauf achten, dass es den Fluss deiner Geschichte nicht negativ beeinträchtigt.

Der Plottwist

Plottwists sind die Momente, die deine Geschichte einzigartig machen. Hier musst du Emotionen auslösen, um deiner Story eine überraschende und entscheidende Wendung zu geben.

Es gilt falsche Hoffnungen zu schüren und so geschickt in die Irre zu führen, dass Fragen aufkommen und vor allem offen bleiben. Das gelingt dir am besten, indem du gezielt von erwarteten Standardmustern abweichst.

Mit den Twists solltest du sparsam umgehen, da stetige Veränderungen immer wieder erklärt werden müssen und der Leser dadurch dem Geschehen ab einem gewissen Punkt nicht mehr folgen kann. Zudem erweckst du vielleicht den Eindruck, alles unnötig in die Länge ziehen zu wollen.

Es ist empfehlenswert, sich auf 2-3 große

Momente zu beschränken, aber diese dafür qualitativ hochwertig zu gestalten und das Hauptaugenmerk darauf zu legen, dass sich alles im realistischen Rahmen deiner Welt bewegt.

Wenn dir zündende Ideen fehlen, versuche einzelne Situationen aus anderen Blickwinkeln zu betrachten. Versetze dich in verschiedene Charaktere und frage dich, wie sie unter den gegebenen Umständen reagieren würden und welche Folgen sich daraus ergeben.

Der Twist ist eine hervorragende Chance, neue Charaktere einzuführen oder eine neue Ausgangssituation zu schaffen.

In der Regel finden die Twists jeweils am Ende des 1. und 2. Aktes statt, um dauerhaft die Spannung aufrecht zu erhalten. Ein Twist am Anfang macht hingegen keinen Sinn, da noch zu wenige Informationen bekannt sind und folglich nichts getwistet werden kann.

Foreshadowing

Foreshadowing ist ein effektives Mittel, durch das sich die Wirkung eines Plottwists zusätzlich steigern lässt.

Es geht darum, bereits vor dem eigentlichen Twist auf subtile Weise Informationen preiszugeben. Diese kleinen Hinweise kündigen unterschwellig an, dass etwas Großes bevorsteht und schüren das Interesse der Leser, indem sie ihn sanft darauf vorbereiten.

Diese Hinweise sollten beiläufig mit einfließen, sei es ein kurzer Kommentar oder eine simple Geste, die noch nicht ins Gesamtbild passen. Auch mit eingeflochtene Gegenstände können dazu führen, dass das Gefühl vermittelt wird, man hätte den weiteren Verlauf bereits erahnen können.

Gerade diese Momente lassen sich nicht immer im Voraus planen, sie können aber rückwirkend im Zuge der Nachbearbeitung noch problemlos gestreut werden.

Bediene dich dabei auch sogenannten Red Herings. Dabei handelt es sich um gezielt gesetzte Falschinformationen oder Dinge, die missverständlich aufgefasst werden können, um von der tatsächlichen Wahrheit ablenken.

Zudem kann der Fokus des Lesers auf die roten Heringe den Überraschungseffekt noch einmal steigern.

Ihr Ziel ist es, zur späteren Freude des Lesers, durch vorsätzliche Täuschung an der Nase herumzuführen und mit falschen Erwartungen zu spielen. Berücksichtige auch in diesem Fall, weniger ist immer mehr.

Erzähler oder Perspektive

Aus welcher Sicht wir die Welt erkunden und wer uns das Erlebte schildert, solltest du schon vor dem Schreiben festgelegt haben. Die nachträgliche Überarbeitung eines ganzen Buches wird dir ansonsten leicht vermeidbare Schmerzen bereiten.

Es existieren genretypische Perspektiven, mit denen nur schwer gebrochen werden kann, da eine spezielle Erzählperspektive durchaus ein Kriterium für die Zugehörigkeit zu einem bestimmten Genre sein kann.

Natürlich spielen deine eigenen Präferenzen ebenfalls eine Rolle, aber achte auf jeden Fall darauf, was dir am leichtesten von der Hand geht.

Die Erzählperspektive

Zuerst gilt es herauszufinden, ob der Leser die Geschichte des Protagonisten selbst miterlebt oder die Ereignisse durch die Augen einer Nebenfigur beobachtet.

Als Nächstes musst du bestimmen, wer uns die Geschichte erzählt. Ist es der Protagonist selbst, der von seinen Ereignissen berichtet oder eine außenstehende Person.

Die größte Schwierigkeit besteht darin, die gewählte Erzählperspektive über die gesamte Länge deines Buches konsequent beizubehalten. Das erfordert etwas Übung und wird dich zu Beginn mit Sicherheit einige Nerven kosten.

Der Ich-Erzähler:

Eine einzelner Akteur, ob Protagonist oder Nebenfigur, schildert das selbst erlebte und seine Sicht der Dinge. Es entsteht eine starke Bindung zum jeweiligen Charakter, jedoch ist die Sichtweise eingeschränkt, da nur Szenen beschrieben werden können, bei denen die Figur tatsächlich anwesend ist.

Die individuelle Wahrnehmung einer Einzelperson kann vom eigentlichen Geschehen abweichen, da diese in verschiedenen Bereichen voreingenommen sein kann oder eine Situation falsch einschätzen.

Die Ich-Perspektive eignet sich besonders gut für die Beobachtung von Persönlichkeitsentwicklungen und den damit verbundenen Gedanken- und Gefühlswelten. Sie lässt den Leser die Dinge aus nächster Nähe miterleben, allerdings steigt mit der Komplexität der

Story auch das Risiko, schnell den Überblick zu verlieren.

Der außenstehende Erzähler:

Der personelle Erzähler blickt der auserwählten Figur über die Schulter und bei Bedarf auch in den Kopf. Diese Erzählform ist heutzutage die am meisten verwendete, da sie persönliche Nähe erzeugt und die Identifikation mit dem Helden erleichtert.

Durch gezieltes Weglassen von entscheidenden Faktoren oder durch das punktuelle Erweitern des Sichtfelds kann zusätzlich Spannung erzeugt werden. Außerdem kannst du die Aufmerksamkeit gewollt auf Nebensächlichkeiten lenken und für Verwirrung sorgen.

Der auktoriale Erzähler:

Diese Form wird heute kaum noch verwendet. Bei diesem allwissenden und

omnipräsenten Erzähler ist es ein
ständiger Balanceakt zwischen
Spannungsaufbau und Spannungskiller.

Die Tatsache, dass der auktoriale
Erzähler sowohl die Vergangenheit als
auch die Zukunft wirklich aller
beteiligten Personen kennt, macht es bei
einer Vielzahl an wichtigen Akteuren zwar
einfacher, zwischen verschiedenen
Perspektiven zu wechseln, allerdings wird
gleichzeitig eine emotionale Distanz
geschaffen.

Stil, Tipps und Tricks

Egal ob klar strukturiert durch einen
Plot oder einfach mal drauf los
geschrieben, entscheidend ist es, eine
Schreibroutine zu etablieren und der
Wille, dauerhaft dran zu bleiben.

Um deinen eigenen Schreibrhythmus zu
finden, setzt du dir am besten fest
eingeplante Schreibzeiten, sozusagen als
positive Verpflichtung dir selbst
gegenüber.

Versuche dich zunächst an einer
Kurzgeschichte, um besser abschätzen zu
können, wie weit du mit Kontinuität
kommen kannst. Als gute Übung eignet sich
die Teilnahme an Schreibwettbewerben, da
der Themenbereich in der Regel bereits
grob vorgegeben ist.

An dieser Stelle sei anzumerken, dass es

sich bei den Veranstaltern solcher Wettbewerbe um gewinnorientierte Herausgeber von Anthologien handelt. Deshalb lass dich auf keinen Fall entmutigen, sollte Dein Beitrag nicht angenommen werden, da nicht immer die Qualität der ausschlaggebende Punkt für die Entscheidungsfindung ist, sondern oftmals deine persönliche Reichweite in den sozialen Medien das Zünglein an der Waage sein kann.

Eine weitere besondere Herausforderung ist das Schreiben von mindestens 50.000 Wörtern innerhalb von 30 Tagen im Zuge des „National Novel Writing Month" (NaNoWriMo) der jährlich im November stattfindet.

Das Ziel ist in diesem Fall keineswegs eine durch und durch perfekte Geschichte abzuliefern, sondern in erster Linie den Schreibfluss zu fördern.

Show don't tell

Bei dem Show don't tell Prinzip besteht
die Kunst darin, Eigenschaften mit Worten
und Taten zu umschreiben. Anstatt
bestimmte Eigenschaften oder
Verhaltensmuster mit nur einem Wort
einfach in den Raum zu stellen, solltest
du versuchen, diese in Form einer
Situation oder einer Handlung zu
beschreiben.

Dieses Vorgehen ist zwar aufwendiger, hat
aber den Vorteil, dass der Leser selbst
zum Denken animiert wird und aufmerksam
bleibt. Außerdem ist damit schnell zu
erkennen, dass, wenn man sich schon die
Mühe macht einen Charakterzug
situationsbezogen darzustellen, es sich
bei der Person um einen wichtigen
Charakter handelt.

Die Schreibblockade

Das ist ein Thema, dem du dich früher oder später stellen musst.

Es wird zwangsläufig passieren, dass du mit deiner Geschichte gedanklich regelrecht festsitzt und dir keine Alternativen zu bereits erdachten Szenarien einfallen, so sehr du dich auch anstrengst.

Sich in solchen Momenten bewusst aus der Geschichte und allem was damit in Verbindung steht zu lösen, ist der beste Weg dagegen anzugehen.

Was also tun, wenn es mal hakt:

- Lockere den kreativen Gehirnmuskel, geh raus in die Natur, triff Menschen und bringe dich auf andere Gedanken.

- Lass einige Auserwählte das bisher

geschriebene lesen. Während sie damit beschäftigt sind, beschäftige dich mit irgendetwas, außer mit deinem Buch. Ein gezieltes Brainstorming mit den Testlesern im Anschluss und Dein in der Zwischenzeit gewonnener Abstand sorgt oft für eine neue Perspektive.

- Betrachtet die Szene, welche die Blockade hervorgerufen hat und bewerte sie neu aus unterschiedlichen Blickwinkeln. Versetze dich in verschiedene Charaktere und überlege dir deren Reaktion in dieser speziellen Situation.

- Werfe einen Blick in die Ideensammlung.

- Picke zufällig einige Wörter aus einem Lexikon und bastelt daraus eine Geschichte.

Rationale Entscheidungsfindung

Beziehe bei deiner Herangehensweise immer deine eigenen Erfahrungen mit ein. Erinnere dich an selbst gelesene Bücher und analysiere gute und spannende Momente, aber auch Fehler in einer Handlung, die von anderen Autoren aus deiner sich gemacht wurden.

Ein Gespür hierfür kann bereits im Vorfeld bei der Ausgestaltung deiner Geschichte extrem nützlich sein.

Stelle dir also Fragen, wie beispielsweise…:

- Warum konntest du nicht aufhören, ein bestimmtes Buch zu lesen?

- Mit welchen Mitteln hat der Autor das erreicht?

- Warum gefällt dir dieser Absatz, das

Kapitel oder das Buch besonders gut oder eben nicht?

- Was gefällt dir an einer bestimmten Erzählperspektive besonders und an einer anderen nicht.

- Wie gelingt es einem speziellen Autor besonders gut, die Handlung durch Dialoge voranzutreiben?

- Welche Charaktere gefallen dir besonders gut, welche weniger und warum?

- Was würdest du anders machen und wie würde das aussehen?

Die Zeichensetzung

Die Handhabung der wörtlichen Rede und auch das hervorheben von Gedanken innerhalb eines Textes, ist beim Verfassen eines Romans ein Thema, welches immer wieder Fragen aufwirft.

Anders als bei Standardtexten in deutscher Sprache gibt es im Buchformat keine klare Norm beim Umgang mit der wörtlichen Rede oder Gedanken.

Es ist also größtenteils reine Geschmackssache, wie Du es letztlich umsetzt, aber die angenehme Führung des Lesers durch einen Dialog sollte bei deiner Wahl immer im Vordergrund stehen.

Des Weiteren solltest Du darauf achten, deiner Linie möglichst buchübergreifend immer treu zu bleiben.

In Büchern haben die sogenannten Chevrons oder auch umgekehrte Guillmets die klassischen Anführungszeichen weitestgehend abgelöst. Diese unterscheiden sich im deutschen Sprachraum von der ursprünglichen französischen Variante dadurch, dass die Spitzen jeweils zur wörtlichen Rede hin zeigen (»Blabla«), wohingegen das französische Original in die entgegengesetzte Richtung zeigt («Blabla»).

Viele Ebook-Converter ersetzen Anführungszeichen automatisch durch die Chevrons und deshalb ist es nicht notwendig, von den Gänsefüßchen abzurücken. Chevrons gelten als Sonderzeichen, da sie auf der deutschen Tastatur ihren Platz noch nicht gefunden haben, wodurch es zuweilen zu Formatierungsfehlern kommen kann.

Verlage geben oft ganz klare Vorgaben

bezüglich dem einzuhaltenden Format aber
als Selfpublisher ist diese Entscheidung
gänzlich dir überlassen.

Chevrons and Where to find:

Solltest du von vornherein Chevrons
verwenden wollen, findest du sie in den
gängigen Schreibprogrammen bei den
Sonderzeichen oder sie lassen sich über
den Kurzbefehl Alt-Taste 0171 bzw. Alt-
Taste 0187 direkt in das Dokument
einfügen.

Eine weitere Möglichkeit wäre, über die
Dokumentenprüfung eine Autokorrekturregel
festzulegen oder über die
Tastaturoptionen z.B. die größer/kleiner
Zeichen (<>) einfach durch die Chevrons
zu ersetzen.

So, aber jetzt zum Wesentlichen.

Wörtliche Rede:

Der gesprochene Satz steht immer komplett mit allen Satzzeichen innerhalb der gewählten Abgrenzung der wörtlichen Rede.

„Ich schreibe ein Buch."

Steht ein Begleitsatz vor der wörtlichen Rede, wird dieser mit einem Doppelpunkt abgegrenzt.

Sie sagte: „Ich schreibe jetzt ein Buch"

Steht der Begleitsatz hinter einer wörtlichen Rede, wird im direkten Anschluss ein Komma gesetzt und der Punkt als Abschluss innerhalb der wörtlichen rede entfällt.

„Ich schreibe ein Buch", sagte sie.

Alle anderen beendenden Satzzeichen werden jedoch geschrieben.

„Schreibst du ein Buch?", fragte er.

„Schreib jetzt dein Buch!", rief er motivierend.

Wenn die wörtliche Rede nach dem Begleitsatz mit einem neuen Satz weiter geht, sieht das wie folgt aus.

„Ich schreibe jetzt mein Buch", sagte sie. „Soll ich gleich damit anfangen?"

Setzt du den Begleitsatz zwischen den gesprochenen Satz, wird dieser je vorne und hinten von Kommas umschlossen und die wörtliche Rede geht weiter, als wäre der

Begleitsatz nicht vorhanden.

„Ich", sagte sie, „schreibe jetzt mein Buch."

Geht der Begleitsatz nach der wörtlichen Rede weiter, trennt man das Gesprochene erneut durch ein Komma.

Sie sagte: „Ich schreibe jetzt mein Buch", und ohne zu zögern startete sie ihren Laptop.

Wird die wörtliche Rede als Substantiv einfach in einen Satz integriert fallen Doppelpunkte und Kommas weg, ebenso wie der beendende Punkt innerhalb der wörtlichen Rede. Ausrufezeichen und Fragezeichen bleiben in diesem Fall jedoch erhalten.

Mit einem „Ich schreibe jetzt mein Buch"
startete sie ihren Laptop.

...oder...

Mit einem „Ich schreibe jetzt mein Buch!"
startete sie ihren Laptop.

Gedanken:

Das Grundprinzip der Zeichensetzung
entspricht bei Gedanken dem der
wörtlichen Rede, nur die Zeichen ändern
sich.

Anstatt der doppelten Anführungszeichen
oder Chevrons werden diese als
Einzelzeichen verwendet.

„Ich schreibe jetzt mein Buch", sagte sie
zu Karl. ‚Es wurde auch langsam Zeit'
dachte er insgeheim.

»Ich schreibe jetzt mein Buch«, sagte sie
zu Karl. ›Es wurde auch langsam Zeit‹,
dachte er insgeheim.

Eine weitere Alternative ist das kursive Schreiben von Gedanken.

„Ich schreibe jetzt mein Buch", sagte sie zu Karl. Es wurde auch langsam Zeit, dachte er insgeheim.

Prinzipiell ist es auch eine Option die Kennzeichnung von Gedanken einfach wegzulassen, was dann so aussehen würde.

„Ich schreibe jetzt mein Buch", sagte sie zu Karl. Es wurde auch langsam Zeit, dachte er insgeheim.

Eine klare Norm existiert also bei der Kennzeichnung von Gedanken nicht. Vielmehr ist es reine Geschmackssache und ich würde dir raten, es so zu handhaben,

wie es für dich im Lesefluss am
angenehmsten zu erkennen ist.

Hier einmal alle vier Varianten im
direkten Vergleich:

‚Ich kann es nicht glauben', dachte Karl.
‚Hat sie das wirklich gesagt?'

›Ich kann es nicht glauben‹, dachte Karl.
›Hat sie das wirklich gesagt?‹

Ich kann es nicht glauben, dachte Karl.
Hat sie das wirklich gesagt?

Ich kann es nicht glauben, dachte Karl.
Hat sie das wirklich gesagt?

Die Absatzstruktur im Dialog:

Jeder Beteiligte an einem Dialog bekommt
seinen eigenen Absatz. Wechselt der
Sprecher oder Denker, wird das mit einem
neuen Absatz kenntlich gemacht.

Etwaige Beschreibungen und Handlungen, die sich auf den jeweils Sprechenden beziehen, werden dabei im selben Absatz gleich mit verarbeitet.

Das Zeitmanagement

Die Zeit und die Handhabung mit diesem
knapp bemessenen Gut, ist ein nicht zu
verachtender Faktor, um voranzukommen.
Das reine Nachdenken, ohne effektiv und
produktiv zu werden, lässt dich auf der
Stelle treten und dieser Umstand kann
sich auf Dauer extrem demotivierend
auswirken.
Daher ist es ratsam, auch in puncto
Produktivität eine gewisse Struktur zu
etablieren.

Für mich hat sich im Laufe der Zeit die
sogenannte Promodoro-Technik als
effektives Mittel bewährt, womit
scheinbar unüberwindbare Aufgaben in
kleine Häppchen unterteilt werden. Das
hat zur Folge, dass du aufgrund des
Umfangs einer Aufgabe nicht in eine
Schockstarre verfällst und durch kleine
Erfolgserlebnisse kontinuierlich
Fortschritte erzielt werden.

Die Promodoro-Technik ermöglicht zielgerichtetes Arbeiten und wirkt innerer und externer Ablenkung entgegen. In ihrer Grundform besteht sie aus den folgenden fünf Einzelschritten.

- Priorisiere deine täglichen Aufgaben anhand einer Liste.

- Stelle dir einen Timer auf 25 Minuten, in denen du dich fokussiert der geplanten Aufgabe widmest.

- Bearbeite die Aufgabe, ohne dich ablenken zu lassen.

- Im Anschluss machst du eine fünfminütige Pause.

- Wiederhole diesen Vorgang viermal, bevor du eine längere Pause von etwa 15-20 Minuten einplanst.

Bitte beachte, dass es sich hierbei nur um Richtwerte handelt. Solltest du feststellen, dass dir bereits nach drei Durchläufen eine längere Pause guttut, dann passe die Struktur deinen individuellen Bedürfnissen an.

Die Normseite

Zur allgemeinen Vereinheitlichung wurde festgelegt, dass jede Seite 30 Zeilen haben soll, wovon jede ca. 60 Zeichen beinhaltet. Wenn du das Format von vornherein einhältst, sparst du dir nachträgliche Formatierungsarbeiten, da die Normseite das allgemein gültige Standardformat darstellt.

Eine Normseite umfasst 250-300 Wörter und inklusive Leerzeichen in etwa 1800 Zeichen, was je nach vorhandenen Dialogen oder Absätzen stark variieren kann.

Für bessere Lesbarkeit wählst du schnörkellose Schriftarten wie Courier New oder Times New Roman. Die Schriftgröße setzt du auf 12 und die Zeilenabstände auf 24pt. Das Ganze noch in einem linksbündigen Flattersatz darstellen lassen und die Maße für die

Seitenränder in das folgende Format
bringen:

Oberer Seitenrand: 2,19 cm

Unterer Seitenrand: 1,78 cm

Linker Seitenrand: 3,17 cm

Rechter Seitenrand: 2,54 cm

Die fertige Geschichte

Lese deine Geschichte von Anfang an mit der Intention, sie auf Schlüssigkeit zu prüfen und Logikfehler aufzuspüren. Lautes Lesen kann dich dabei unterstützen, über einen längeren Zeitraum den Fokus aufrechtzuerhalten.

Achte ebenfalls auf irrelevante Charaktere oder Situationen, die du herausstreichen kannst und auch unbedingt solltest, um die Geschichte nicht künstlich aufzublasen.

Optional solltest du im Hinterkopf behalten, dass sich eventuelle Unstimmigkeiten über eine Landkarte, eine Art chronologischen Reiseführer oder einen Stammbaum lösen lassen, womit du dir das Umschreiben ganzer Kapitel ersparen könntest.

Wenn du mit deiner Geschichte zufrieden bist, ist es wichtig, ein Feedback durch freiwillige Testleser einzuholen und erst im Anschluss ein abschließendes und professionelles Lektorat durchführen zu lassen.

Verlage stellen ihren Autoren diesen Service kostenfrei zur Verfügung und über eine Suchmaschine, deren Name nicht genannt werden muss, findest du zahlreiche professionelle Lektoren.

Alternativ kannst du auf diversen Plattformen für freiberuflich tätige, kostengünstigere Anbieter ausfindig machen.

Ab in die Regale:

Der klassische Weg zu einer Veröffentlichung geht über den Verlag. Doch auch hier ist der bereits selbst erarbeitete Bekanntheitsgrad mit Sicherheit ein Entscheidungsfaktor für pro und kontra.

Unter dem Schirm eines Verlages wird für
Dinge wie Lektorat und Marketing
verlagsseitig gesorgt. Bei der Masse an
Veröffentlichungen ist dieser Weg jedoch
ein zusätzlich zu betreibender
Mehraufwand der nicht unbedingt von
Erfolg gekrönt sein wird.

Da jeder Verlag andere Kriterien an die
Bewerbungsform und deren Umfang stellt,
ist dieser Vorgang auch nicht etwas, das
in Masse abgearbeitet werden kann und die
individuelle Fertigung eines Exposés
durchaus Zeitintensiv.

Das Selfpublishing hat sich über die
Jahre immer weiter entwickelt und die
Anbieter eines solchen Service sind
mittlerweile zahlreich.

Der Leistungsumfang ähnelt sich und

reicht von der reinen Veröffentlichung eines E-Books, über das Taschenbuchformat bis hin zum edlen Hardcover Buch.

Das Veröffentlichen eines E-Books ist für den Autor in der Regel kostenfrei. Sobald ein Druck von Nöten ist, fallen zusätzliche Kosten an. Das bedeutet nicht zwangsläufig, dass du gezwungen bist, in Vorleistung zu gehen, da die meisten Anbieter einen „on demand" Druck zur Verfügung stellen, also erst bei Bestellung der eigentliche Druck deines Buches eingeleitet wird.

Die entstandenen Kosten werden dann direkt mit dem jeweiligen Verkaufspreis gegengerechnet und der vereinbarte Satz auf Dein Konto überwiesen.

Die Verfügbarkeit auf diversen Onlineplattformen oder auch bei den einschlägig bekannten Buchläden in Deutschland gehört ebenfalls zu den angebotenen Optionen.

So unterschiedlich die Produktpaletten
der Selfpublisher-Portalen ausfallen
kann, so vielfältig kann das was unter
dem Strich für den Autor rauskommt,
anbieterübergreifend variieren.

Deshalb ist es wichtig zu wissen, was man
möchte, um die verschiedenen
Möglichkeiten zu prüfen und vergleichen
zu können.